COMPRENDRE
LA LITTÉRATURE

EURIPIDE

Iphigénie à Aulis

Étude de l'œuvre

1 rue Honoré - 93500 Pantin.

ISBN 978-2-7593-0484-4

Dépôt légal : Juin 2020

Impression Books on Demand GmbH

In de Tarpen 42

22848 Norderstedt, Allemagne

SOMMAIRE

BIOGRAPHIE

EURIPIDE

Euripide est né à Salamine, une île grecque qui fut en 480 av. J.-C. le théâtre d'une bataille opposant la flotte grecque à la flotte perse de Xerxès. Selon la légende, sa famille, athénienne, se serait réfugiée à Salamine pour échapper aux Perses, et il serait né le même jour que cette bataille, dont les Grecs sortirent vainqueurs. Sa vie, en tout cas, fut marquée par la guerre, un thème récurrent dans son œuvre. Né autour de - 480, pendant la guerre contre les Perses, il meurt un an avant la fin de la guerre du Péloponnèse, commencée en - 432, qui opposa la ligue de Délos, c'est-à-dire Athènes et ses alliés, à la ligue du Péloponnèse, c'est-à-dire Sparte et ses alliés. Athènes détenait un pouvoir hégémonique sur la Grèce et les autres cités finirent par se liguer contre elle. Cette guerre mit fin à l'impérialisme athénien.

On ne sait pas grand-chose d'Euripide, en dehors des anecdotes racontées par les comiques, pour la plupart médisantes et peu intéressantes. Né d'une famille athénienne, il s'est lancé dans la tragédie à partir de - 455, après avoir reçu une éducation soignée, même si, selon les poètes comiques, il était d'origine modeste. Euripide fut contemporain et sans doute ami de Sophocle, un autre célèbre dramaturge grec. Il aurait aussi composé de la musique pour les parties chantées de ses pièces.

De son œuvre, on n'a retrouvé que dix-huit pièces entières sur quatre-vingt-douze. Elles traitent, pour la plupart, de l'aspect tragique des destinées humaines, et revisitent les grands mythes grecs, mettant en scène notamment des personnages et des épisodes de la guerre de Troie et de ses suites. Souvent, on y trouve des allusions à l'actualité politique athénienne. Une grande partie des tragédies d'Euripide sont l'occasion d'une réflexion sur la guerre, révélatrice de la misère humaine.

Comme Eschyle et Sophocle, Euripide écrivait des tragédies. En effet, la fatalité imprègne ses pièces, où la moindre faute a des conséquences bien plus graves et durables : le mal engendre le mal. Néanmoins, les pièces d'Euripide sont novatrices, par rapport à Eschyle et Sophocle, à plusieurs points de vue. Du point de vue formel, Euripide a renouvelé les règles du genre tragique en réduisant le rôle du chœur et en privilégiant les dialogues et les joutes oratoires. Il emploie un langage moins noble, plus proche de celui de tous les jours.

Sur le plan moral et thématique, il change les codes également : il aime remettre en cause le système de pensée grec traditionnel. Ainsi, au contraire de son contemporain Sophocle, Euripide se permet des critiques des dieux et met en doute les légendes et les mythes. Loin de la solennité et de l'unité des pièces de Sophocle ou d'Eschyle, dont le tragique réside dans les tensions internes et dans les affrontements des caractères des personnages, les intrigues d'Euripide sont souvent invraisemblables avec des interventions divines ou magiques, et les drames y naissent des successions d'événements. L'émotion naît alors davantage du pathétique des situations que des contradictions intérieures des personnages. Loin de la sobriété d'Eschyle et de Sophocle, Euripide décrit la souffrance de façon précise, ses personnages portent à la scène des douleurs très humaines, souvent physiques aussi.

Dès lors, les personnages d'Euripide, à la différence des héros sophocléens, se font lier à un devoir qui unifie leurs actes et leurs décisions, et sont les porte-parole des désirs, des passions, avec des contradictions. En cela, ils sont plus humains, moins héroïques. Passion amoureuse, folie guerrière et ambition poussent les personnages à commettre des actes criminels ou impies. L'irrationnel menace toujours les personnages d'Euripide. Les personnages féminins, notamment, ont une place importante chez Euripide, pour exprimer ce « pathos ». Jeunes ou âgées, écrasées par le destin, les femmes et filles de ses pièces exposent leur sort absurde ou leur douleur avec une grande lucidité et préfèrent la mort à une vie douloureuse. En elles s'incarnent l'amour et les passions irrationnelles : elles sont décriées pour cela à maintes reprises dans les pièces d'Euripide. En effet, le désir amoureux était déconsidéré par les Anciens qui y voyaient une faiblesse proprement féminine : les femmes, chez Euripide, sont souvent, malgré leur grandeur, l'incarnation de ces forces obscures, causes des excès et des malheurs des hommes. Les personnages âgés, hommes ou femmes, sont aussi particulièrement présents dans les pièces d'Euripide : lucides mais faibles, ils sont la figure même du tragique humain. Ils voudraient agir mais ne le peuvent, alors même que leur dignité est en jeu. Ils sont à la fois admirables et pitoyables.

Le théâtre d'Euripide rend compte d'une vision du monde qui n'est pas unifiée, qui est en perpétuel questionnement, à travers la confrontation des points de vue. Ces innovations ont choqué son public athénien, qui y voyait de l'impiété. Il ne remporta sa première victoire au concours tragique qu'à quarante ans. Ses œuvres reçurent donc, de son vivant, un accueil mitigé et Aristophane, notamment, le ridiculise dans ses pièces, en le présentant comme un mauvais poète, misogyne et immoral. Cependant, Euripide reçut un succès croissant par la suite et les Athéniens lui élèvent une statue de bronze dans le temple de Dionysos en - 330. Avec Eschyle et Sophocle, il est un des grands auteurs de l'Antiquité grecque dont on a conservé des œuvres. Euripide a inspiré bien des dramaturges et écrivains. Il reste critiqué, notamment à cause de son manque de sobriété par rapport à Sophocle et Eschyle, et à cause des sentences morales ou philosophiques qu'on trouve en abondance dans ses textes.

Après *Oreste*, créée en - 408, Euripide se retire en Macédoine, à la cour du roi Archélaos. Il y meurt, en - 406, après avoir écrit sa dernière pièce, *Les Bacchantes*.

PRÉSENTATION
DE IPHIGÉNIE À AULIS

Iphigénie à Aulis a été créée en 406 av. J.-C. C'est l'une des dernières pièces d'Euripide, qui meurt la même année. À cette époque, la guerre du Péloponnèse fait rage depuis près de trente ans. Athènes est sur le point de perdre la guerre, que Sparte gagne en - 405. Iphigénie y incarne le dilemme entre devoir et sentiments, entre raison d'État et intérêt personnel, entre décision divine et volonté humaine. Au nom de la gloire et de l'honneur de sa patrie, elle accepte un sacrifice qui lui est tout d'abord odieux. En se résignant finalement à ce destin inéluctable sans tenter d'y échapper, elle devient une figure héroïque. Autour de son personnage se mêlent tous les éléments de la tragédie grecque : terreur et pitié, conflits intérieurs, destin inéluctable et fin funeste.

RÉSUMÉ DE LA PIÈCE

Les « stasima » et le « parodos » sont des parties chantées (et dansées) par le chœur. Le prologue, les épisodes et l'« exodos » sont récités par trois acteurs qui jouent alternativement tous les rôles.

Prologue

Nous sommes à Aulis, à côté de la tente d'Agamemnon, à l'aube. Agamemnon, soucieux, se confie à un vieux serviteur : il préférerait une vie sans gloire et sans souci à celle de roi. En effet, Hélène, fille de Tyndare, sœur de sa femme Clytemnestre et femme de son frère Ménélas, a été enlevée par le Troyen Pâris. Or, Hélène étant très convoitée avant son mariage avec Ménélas, Tyndare avait fait jurer à ses prétendants de défendre celui qu'elle choisirait et de combattre quiconque la ravirait à son mari. Hélène a épousé Ménélas, puis Pâris l'a enlevée. Les Grecs ont décidé de partir en guerre contre les Troyens et ont confié le commandement de l'armée à Agamemnon, frère du mari outragé. Les bateaux grecs sont maintenant réunis à Aulis, prêts à partir, mais les vents ne leur sont pas favorables. Le devin Calchas a annoncé qu'Agamemnon devrait sacrifier sa fille Iphigénie pour plaire à Artémis et permettre à la flotte de partir vers Troie. Agamemnon a envoyé un message à Clytemnestre pour qu'elle lui amène Iphigénie, sans lui dire pourquoi : il lui a fait croire que sa fille allait se marier avec Achille. Seuls Calchas, Ménélas et Ulysse connaissent la vraie raison de la venue d'Iphigénie. Mais pendant la nuit, Agamemnon a été pris de remords et demande à son vieux serviteur d'envoyer un nouveau message à Clytemnestre pour l'empêcher de venir.

Parodos

Entrée du chœur de femmes de Chalcis qui ont suivi l'armée grecque. Elles décrivent la flotte grecque et les chefs de l'armée.

Premier épisode

Ménélas a intercepté le serviteur d'Agamemnon et confisqué le message destiné à Clytemnestre. Attiré par les cris de son serviteur, Agamemnon entre. Ménélas est furieux qu'Agamemnon ait changé d'avis. Ils se disputent : Ménélas accuse Agamemnon à la fois d'avoir trop d'ambition et d'être trop lâche pour sacrifier sa fille. Il va empêcher la Grèce d'acquérir la gloire. Un serviteur annonce l'arrivée de Clytemnestre, accompagnée de leur fille Iphigénie et de leur fils Oreste, encore tout petit. Agamemnon se lamente, il n'a pas su arrêter le destin. Ménélas, pris de pitié, se rétracte et dit à son frère de ne pas sacrifier Iphigénie. Mais Agamemnon s'est repris : il craint l'armée des Grecs, qui risque d'être déçue et de se venger s'ils ne partent pas en guerre. Il va sacrifier Iphigénie.

Premier stasimon

Le chœur déplore le désir amoureux hors du mariage, destructeur, et raconte la rencontre de Pâris et d'Hélène : « Là debout et les yeux dans les yeux, tu la blessas d'amour et d'amour fus blessé. »

Second épisode

Clytemnestre entre, sur un char, avec ses enfants, et elle

se réjouit du mariage de sa fille. Iphigénie va vers son père, heureuse de le revoir, mais celui-ci est soucieux et mal à l'aise. Elle lui parle de sa tristesse de le voir partir si loin, il lui parle de la « traversée » qui l'attend, elle aussi, et lui parle d'un sacrifice à faire, sans lui révéler que c'est elle qui va mourir. Agamemnon explique à Clytemnestre l'ascendance d'Achille, qui descend de Zeus lui-même. Il lui demande de rentrer à Argos sans assister au mariage, contre l'usage qui veut que la mère accompagne sa fille à son mariage. Clytemnestre refuse, furieuse.

Second stasimon

Chants du chœur, annonce du départ vers Troie de la flotte grecque et des massacres à venir.

Troisième épisode

Achille vient à la porte d'Agamemnon pour se plaindre de l'attente : il voudrait partir au plus vite vers Troie. Clytemnestre sort pour le saluer et lui apprend son mariage prochain avec Iphigénie : Achille n'était pas au courant, tous deux sont surpris. Arrive le vieux serviteur d'Agamemnon, qui révèle à Clytemnestre la véritable raison de la venue d'Iphigénie. Clytemnestre et Achille sont furieux et tristes. Clytemnestre implore Achille de sauver Iphigénie. Achille, furieux d'avoir été utilisé à son insu, lui promet de l'aider. Achille suggère à Clytemnestre de convaincre Agamemnon de renoncer au sacrifice d'Iphigénie.

Troisième stasimon

Récit des noces de Thétis et Pélée, les parents d'Achille, et déploration de la mort prochaine d'Iphigénie.

Quatrième épisode

Iphigénie a été mise au courant par sa mère du sort que son père lui réserve. Agamemnon et Clytemnestre parlent : Clytemnestre lui apprend qu'elle connaît ses véritables intentions. Elle prononce un long discours de reproches, en commençant par le meurtre de son premier mari Tantale et de son mariage forcé avec Agamemnon, puis le sacrifice d'Iphigénie : elle le prévient que son ressentiment grandira dans le temps qu'il sera absent et qu'à son retour de Troie il risque d'être mal accueilli. C'est Ménélas qui aurait dû sacrifier sa fille. Clytemnestre clôt son discours en suppliant Agamemnon d'épargner Iphigénie. Iphigénie prend la parole et supplie à son tour son père en pleurant : « Le soleil que voilà, tout homme avec joie le regarde. Sous terre est le néant. Bien fou celui de qui les vœux appellent la mort. » Agamemnon explique qu'il est très malheureux mais que s'il refuse de sacrifier Iphigénie, l'armée grecque s'en prendra sans doute à sa famille et que tous mourront. Iphigénie se lamente en chantant, en rappelant la vie de Pâris et l'enlèvement d'Hélène, cause de ses malheurs. Achille arrive et annonce que les Grecs réclament le sacrifice d'Iphigénie : ils ont failli le tuer parce qu'il la défendait, y compris ses propres Myrmidons. L'armée, menée par Ulysse, arrive pour prendre Iphigénie. Achille se déclare prêt à défendre de son corps la jeune fille. Iphigénie intervient : « Contre l'inéluctable, à quoi bon s'obstiner ? » Elle se déclare prête à mourir pour la Grèce. Achille, admiratif, lui annonce qu'il sera auprès d'elle jusqu'au dernier moment au cas où elle reviendrait sur sa décision. Iphigénie fait ses adieux à sa mère. Elle lui demande de ne pas s'attrister et de ne pas en vouloir à Agamemnon. Elle chante en partant et demande au chœur de chanter le péan (chant de victoire) : elle apporte la victoire aux Grecs. Elle s'en va : « Lumière chérie, je te dis adieu ! »

Quatrième stasimon

Le chœur chante les louanges d'Iphigénie.

Exodos

Un serviteur de Clytemnestre vient lui apprendre que le sacrifice d'Iphigénie a été accompli, mais qu'au dernier moment, la jeune fille a disparu et a été remplacée par une biche par la déesse Artémis. Iphigénie a sans doute été emportée parmi les dieux. Agamemnon confirme ce discours et dit à sa femme de rentrer chez eux. L'armée va partir.

LES RAISONS
DU SUCCÈS

Iphigénie à Aulis est une des dernières et des plus belles tragédies d'Euripide. Elle présente un épisode fameux de la guerre de Troie qui a différentes versions, à savoir le sacrifice nécessaire d'une jeune fille innocente pour permettre à la flotte grecque de partir en guerre contre Troie. Ici, Iphigénie choisit son destin consciemment, et en cela elle agit avec la noblesse attendue d'un héros tragique. Ce sacrifice accepté lui vaut d'ailleurs la gloire éternelle, et peut-être la vie sauve, du moins selon Agamemnon qui raconte à Clytemnestre que leur fille a été remplacée par une biche juste avant d'être tuée. Cela rappelle le destin d'Alceste qui, dans une autre tragédie d'Euripide (*Alceste*), accepte de mourir à la place de son mari, et est ramenée des Enfers par Héraclès.

On peut comprendre pourquoi cette pièce a eu du succès en son temps : quand Agamemnon demande à sa fille de sauver la Grèce, il lui explique : « Il ne faut pas que des Barbares ravissent leur femme à des Grecs. » Cette réflexion désigne clairement la raison de l'importance de la guerre de Troie dans la littérature grecque : il s'agit de montrer que les Grecs ne sont pas des Barbares. Et, plus précisément que les « Grecs », on peut ici entendre les Athéniens et la défense de leur identité. Si l'on songe que la pièce a été représentée à un moment où Athènes était sur le point de perdre une guerre et souffrait probablement de conflits internes, on comprend l'intérêt d'Euripide à vouloir faire revivifier la flamme du patriotisme par de tels commentaires.

Mais l'héroïsme d'Iphigénie va au-delà des nécessités d'une guerre entre les Grecs et les Troyens. Comme Antigone, Iphigénie fait partie de ces héros dont le destin demeure un sujet de prédilection pour la littérature : incarnant le conflit entre les désirs personnels et le devoir d'État, elle finit par montrer sa grandeur en acceptant de mourir pour quelque chose de plus grand qu'elle. Iphigénie est ainsi une figure mythique et appartient à une grande fresque mythologique qui a inspiré de nombreux auteurs. Dans *Iphigénie à Aulis*, elle apparaît comme la figure même du tragique : prise entre son amour pour la vie et son sens du devoir, elle finit par accepter son sort. En adhérant pleinement à son destin, elle est montrée comme un modèle moral. Mais sa mort engendre une série de calamités, dont le chœur nous avertit : la guerre de Troie tout d'abord, et plus tard le meurtre d'Agamemnon par Clytemnestre, puis le meurtre de Clytemnestre par Oreste. Aussi, *Iphigénie à Aulis* devient un modèle de tragédie, exprimant la fatalité et l'idée que le mal engendre le mal.

Par ailleurs, *Iphigénie à Aulis* fait partie d'un ensemble de pièces sur les Atréides, les descendants d'Atrée, dont la lignée maudite voit les frères s'entretuer, les fils tuer leur mère, les pères commettre l'inceste avec leur fille... Cette famille a inspiré de nombreuses œuvres, d'autant plus qu'elle est liée à la guerre de Troie. Dix ans avant, Euripide avait écrit une autre tragédie très proche : *Iphigénie en Tauride*. En fait, cette pièce est la suite d'*Iphigénie à Aulis* : on y suit Iphigénie, enlevée en Tauride par Artémis. Elle y retrouva bien plus tard Oreste, son frère, qui a grandi et tué sa mère Clytemnestre. Elle lui sauve la vie. Avec Oreste s'arrête la malédiction qui pèse sur la famille depuis qu'Atrée tua son frère Thyeste après lui avoir donné à manger ses propres enfants.

LES THÈMES
PRINCIPAUX

Le thème principal d'*Iphigénie à Aulis* est le thème du sacrifice. Sacrifice d'abord d'Agamemnon, qui doit accepter de voir sa fille mourir pour le bien du plus grand nombre. Sacrifice de Ménélas, ensuite, qui accepte de renoncer à la guerre contre Troie pour ne pas voir son frère souffrir. Sacrifice d'Iphigénie, enfin, qui accepte de quitter la vie pour la gloire de la Grèce. Deux thèmes sont liés à celui-ci : l'idée du destin, fait de bonheur et de malheur, contre lequel on ne peut rien (comme le dit le vieux serviteur d'Agamemnon dans le prologue : « Nul mortel n'est toute sa vie comblé de biens et de bonheur. On ne vient pas au monde sans donner prise à la souffrance. »). Ce destin, pour devenir noble et héroïque, pour devenir digne d'être raconté et imité, doit être consenti : c'est là que réside la marge de liberté de l'homme. Ce consentement est nécessaire pour que le sacrifice devienne valable. Iphigénie commence, dans la pièce, par se révolter : « Vivre honteux vaut mieux que mourir avec gloire » (on retrouve pareille idée dans d'autres pièces d'Euripide, *Les Troyennes*, par exemple, ou encore dans *L'Odyssée*, dans la bouche d'Achille lui-même : cette inquiétude de savoir ce qu'il vaut mieux, vie honteuse ou mort glorieuse, demeure un thème récurrent de la littérature grecque). Mais plus loin, Iphigénie accepte son sacrifice, vaincue par l'argument d'Agamemnon, qui lui explique son choix : « C'est à la Grèce que je te sacrifie. Sa force l'emporte sur moi. Elle doit rester libre, ma fille, en ce qui tient à toi et à moi. »

Mais l'on sait que le sacrifice, même consenti, ne suffit pas à apaiser le cycle de la vengeance. Clytemnestre, en effet, n'accepte pas le sacrifice : elle qui a perdu sa fille en a nourri un tel ressentiment contre Agamemnon qu'elle finit par le tuer à son retour de Troie. Si la pièce ne va pas jusque-là, le public connaît cependant l'histoire : c'est la menace sous-jacente du discours de Clytemnestre à Agamemnon. Achille aussi a bien du mal à accepter le sacrifice d'Iphigénie, et est même prêt à mourir pour la défendre contre l'armée entière. On peut imaginer que cet épisode ajouta une raison à sa colère contre Agamemnon, colère qui occupe toute *L'Iliade* (même si Homère n'évoque pas cet épisode, on peut imaginer qu'Euripide a brodé sur ce thème en faisant remonter les désaccords entre Achille et Agamemnon au départ d'Aulis). Le tragique finit donc par l'emporter, même si Agamemnon raconte à Clytemnestre qu'Iphigénie a été sauvée par Artémis au dernier moment : Clytemnestre en doute aussitôt.

Mais les personnages d'Euripide, différents en cela de ceux de ses contemporains Sophocle et Eschyle, ne sont pas seulement des héros soumis à des dilemmes dont ils sortent finalement anoblis : ils demeurent très humains, font des déclarations hautement pathétiques lorsqu'ils souffrent et profèrent des arguments souvent dictés par les sentiments plus que par la raison. Ainsi, la grandeur d'âme des personnages cède parfois la place à des réflexions plus propres à la comédie qu'à la tragédie : lors de sa dispute avec Ménélas, Agamemnon lui reproche de ne pas renoncer à récupérer son Hélène, alors qu'elle l'a trompé (« Est-ce moi qui suis fou, ou toi qui as perdu une femme coupable et qui veux la reprendre alors que le ciel te rend un si bon service ? »). Plus tard, lorsqu'elle décide de se sacrifier pour l'honneur de la Grèce, Iphigénie déclare à Achille que c'est aussi pour lui qu'elle le fait, parlant de la sorte en femme émotionnelle plus qu'en figure héroïque : « Faut-il pour une femme qu'Achille entre en conflit avec tous les Grecs rassemblés ? Faut-il qu'il meure ? Plus que dix mille femmes, un homme a des raisons de vivre. »

Cette dernière phrase, rappelant d'autre propos plus ou moins misogynes dans la bouche des personnages d'Euripide, marque également un ton moins élevé, un registre moins tragique, qui parcourt la pièce. Ailleurs, Agamemnon, irrité par Clytemnestre qui refuse de laisser Iphigénie seule et de rentrer à Argos, déclare par exemple : « Le sage ne doit mettre en son logis qu'une femme bonne et docile, ou bien n'en point avoir. » Aussi, si l'émotion est très poignante et humaine, le ton en est moins sobre et épuré que chez les autres tragédiens. Par ailleurs, cette impression est renforcée par l'abondance de vérités générales proférées par les personnages, qui alourdissent un peu leur discours : « N'importe qui peut conduire un État, pourvu qu'il y voie clair. », dit par exemple Ménélas à Agamemnon.

ÉTUDE DU MOUVEMENT LITTÉRAIRE

La tragédie grecque

Le genre tragique est né en Grèce, à Athènes, autour du Ve siècle av. J.-C. Ses origines sont religieuses : les représentations de tragédies avaient lieu lors des fêtes en l'honneur de Dionysos, dieu du vin, des excès et du théâtre. Le mot « tragédie » vient du grec « tragos » qui signifie « bouc », l'animal utilisé lors des sacrifices faits à Dionysos, et du grec « aido », qui signifie « chanter ».

On connaît la tragédie grecque par les textes de trois grands auteurs : Eschyle (vers - 525 / - 456), Sophocle (vers - 495 / vers - 405) et Euripide (vers - 480 / - 406). Une partie de leur œuvre seulement nous est parvenue : sur les centaines de pièces qu'ils ont composées, on a aujourd'hui sept pièces d'Eschyle, sept de Sophocle, vingt d'Euripide. Ces trois auteurs sont emblématiques d'un âge d'or pour la tragédie grecque, le Ve siècle av. J-C.

On sait que le premier concours tragique donné à l'occasion des Dionysies se situe vers - 534. La plus ancienne tragédie conservée est *Les Perses* d'Eschyle, créée en - 472. Les tragédies grecques ont inspiré de nombreux auteurs dans les siècles suivants, et constituent jusqu'à aujourd'hui une référence incontournable : personnages et intrigues des tragédiens grecs ont été repris dans le théâtre occidental, jusqu'à nos jours.

Selon Aristote, la tragédie est associée à deux émotions : la terreur et la pitié. Les personnages de tragédie doivent être illustres : d'origine noble, confrontés à des dilemmes épineux ou à des situations exceptionnelles, ils se conduisent en héros. D'ordinaire, la tragédie s'achève sur un événement funeste. L'idée que les hommes sont soumis à une fatalité et qu'ils ne contrôlent pas leur destin sous-tend ces tragédies.

Les dialogues, récités par les acteurs, étaient entrecoupés de morceaux lyriques, des chants et danses du chœur. La musique et les chorégraphies qui accompagnaient ses pièces sont perdues aujourd'hui, à part quelques fragments de partitions. Une tragédie est faite de différentes parties : elle commence par le *prologue*, avec un ou plusieurs acteurs qui présentent le sujet de la pièce, révélant souvent son dénouement. Vient ensuite la « *parodos* », partie chantée par le chœur. Puis viennent les épisodes, joués par les acteurs, séparés par des « *stasima* », parties chantées du chœur. L'« *exodos* » clôt le dernier « *stasimon* ». Les pièces étaient jouées en plein air, dans le théâtre d'Athènes, aux Dionysies de printemps.

Chez Eschyle, en dehors du coryphée qui prend la parole pour tout le chœur, il n'y avait que deux acteurs pouvant jouer plusieurs rôles différents successivement. Sophocle introduit un troisième acteur pour accroître le nombre de personnages et les possibilités de dialogue. Euripide reprend cette structure, en réduisant les parties chantées du chœur pour privilégier les dialogues.

DANS LA MÊME COLLECTION
(par ordre alphabétique)

- **Anonyme**, *La Farce de Maître Pathelin*
- **Anouilh**, *Antigone*
- **Aragon**, *Aurélien*
- **Aragon**, *Le Paysan de Paris*
- **Austen**, *Raison et Sentiments*
- **Balzac**, *Illusions perdues*
- **Balzac**, *La Femme de trente ans*
- **Balzac**, *Le Colonel Chabert*
- **Balzac**, *Le Lys dans la vallée*
- **Balzac**, *Le Père Goriot*
- **Barbey d'Aurevilly**, *L'Ensorcelée*
- **Barbey d'Aurevilly**, *Les Diaboliques*
- **Bataille**, *Ma mère*
- **Baudelaire**, *Les Fleurs du Mal*
- **Baudelaire**, *Petits poèmes en prose*
- **Beaumarchais**, *Le Barbier de Séville*
- **Beaumarchais**, *Le Mariage de Figaro*
- **Beauvoir**, *Mémoires d'une jeune fille rangée*
- **Beckett**, *En attendant Godot*
- **Beckett**, *Fin de partie*
- **Brecht**, *La Noce*
- **Brecht**, *La Résistible ascension d'Arturo Ui*
- **Brecht**, *Mère Courage et ses enfants*
- **Breton**, *Nadja*
- **Brontë**, *Jane Eyre*
- **Camus**, *L'Étranger*
- **Carroll**, *Alice au pays des merveilles*
- **Céline**, *Mort à crédit*

- **Céline**, *Voyage au bout de la nuit*
- **Chateaubriand**, *Atala*
- **Chateaubriand**, *René*
- **Chrétien de Troyes**, *Perceval*
- **Cocteau**, *La Machine infernale*
- **Cocteau**, *Les Enfants terribles*
- **Colette**, *Le Blé en herbe*
- **Corneille**, *Le Cid*
- **Crébillon fils**, *Les Égarements du cœur et de l'esprit*
- **Defoe**, *Robinson Crusoé*
- **Dickens**, *Oliver Twist*
- **Du Bellay**, *Les Regrets*
- **Dumas**, *Henri III et sa cour*
- **Duras**, *L'Amant*
- **Duras**, *La Pluie d'été*
- **Duras**, *Un barrage contre le Pacifique*
- **Euripide**, *Iphigénie en Tauride*
- **Euripide**, *Les Troyennes*
- **Euripide**, *Médée*
- **Flaubert**, *Bouvard et Pécuchet*
- **Flaubert**, *L'Éducation sentimentale*
- **Flaubert**, *Madame Bovary*
- **Flaubert**, *Salammbô*
- **Gary**, *La Vie devant soi*
- **Giraudoux**, *Électre*
- **Giraudoux**, *La Guerre de Troie n'aura pas lieu*
- **Gogol**, *Le Mariage*
- **Homère**, *L'Odyssée*
- **Hugo**, *Hernani*
- **Hugo**, *Les Misérables*
- **Hugo**, *Notre-Dame de Paris*
- **Huxley**, *Le Meilleur des mondes*
- **Jaccottet**, *À la lumière d'hiver*

- **James**, *Une vie à Londres*
- **Jarry**, *Ubu roi*
- **Kafka**, *La Métamorphose*
- **Kerouac**, *Sur la route*
- **Kessel**, *Le Lion*
- **La Fayette**, *La Princesse de Clèves*
- **Le Clézio**, *Mondo et autres histoires*
- **Levi**, *Si c'est un homme*
- **London**, *Croc-Blanc*
- **London**, *L'Appel de la forêt*
- **Maupassant**, *Boule de suif*
- **Maupassant**, *Le Horla*
- **Maupassant**, *Une vie*
- **Molière**, *Amphitryon*
- **Molière**, *Dom Juan*
- **Molière**, *L'Avare*
- **Molière**, *Le Malade imaginaire*
- **Molière**, *Le Tartuffe*
- **Molière**, *Les Fourberies de Scapin*
- **Musset**, *Les Caprices de Marianne*
- **Musset**, *Lorenzaccio*
- **Musset**, *On ne badine pas avec l'amour*
- **Perec**, *La Disparition*
- **Perec**, *Les Choses*
- **Perrault**, *Contes*
- **Prévert**, *Paroles*
- **Prévost**, *Manon Lescaut*
- **Proust**, *À l'ombre des jeunes filles en fleurs*
- **Proust**, *Albertine disparue*
- **Proust**, *Du côté de chez Swann*
- **Proust**, *Le Côté de Guermantes*
- **Proust**, *Le Temps retrouvé*
- **Proust**, *Sodome et Gomorrhe*

- **Proust**, *Un amour de Swann*
- **Queneau**, *Exercices de style*
- **Quignard**, *Tous les matins du monde*
- **Rabelais**, *Gargantua*
- **Rabelais**, *Pantagruel*
- **Racine**, *Andromaque*
- **Racine**, *Bérénice*
- **Racine**, *Britannicus*
- **Racine**, *Phèdre*
- **Renard**, *Poil de carotte*
- **Rimbaud**, *Une saison en enfer*
- **Sagan**, *Bonjour tristesse*
- **Saint-Exupéry**, *Le Petit Prince*
- **Sarraute**, *Enfance*
- **Sarraute**, *Tropismes*
- **Sartre**, *Huis clos*
- **Sartre**, *La Nausée*
- **Senghor**, *La Belle histoire de Leuk-le-lièvre*
- **Shakespeare**, *Roméo et Juliette*
- **Steinbeck**, *Les Raisins de la colère*
- **Stendhal**, *La Chartreuse de Parme*
- **Stendhal**, *Le Rouge et le Noir*
- **Verlaine**, *Romances sans paroles*
- **Verne**, *Une ville flottante*
- **Verne**, *Voyage au centre de la Terre*
- **Vian**, *J'irai cracher sur vos tombes*
- **Vian**, *L'Arrache-cœur*
- **Vian**, *L'Écume des jours*
- **Voltaire**, *Candide*
- **Voltaire**, *Micromégas*
- **Zola**, *Au Bonheur des Dames*
- **Zola**, *Germinal*
- **Zola**, *L'Argent*

- **Zola**, *L'Assommoir*
- **Zola**, *La Bête humaine*
- **Zola**, *Nana*
- **Zola**, *Pot-Bouille*